LOGE DES FRÈRES UNIS INSÉPARABLES

Orient de Paris

Tenue du 22 janvier 1868 (ère vulg∴).

ÉLOGE FUNÈBRE

DU TRÈS REGRETTÉ

F∴ TRIEBERT

PAR

Son Ami le F∴ JANCOURT

PARIS

TYPOGRAPHIE ET LITHOGRAPHIE DE A. APPERT

56, PASSAGE DU CAIRE, 56

1868

ÉLOGE FUNÈBRE

Du très regretté F.·. TRIEBERT

PAR

Son ami le F.·. JANCOURT

ÉLOGE FUNÈBRE

Du très regretté F∴ TRIEBERT

PAR

Son Ami le F∴ JANCOURT

Charles-Louis Triebert est né à Paris, le 30 octobre 1810. Il était fils d'un célèbre facteur de hautbois et bassons, et manifestait dès son enfance un goût fort remarquable pour la musique ; aussi ne tarda-t-il pas à négliger toute autre occupation pour se donner tout entier à son penchant artistique, et entra au Conservatoire de musique dans la classe du célèbre Vogt, qui eut pour lui l'affection que son caractère et son talent devaient lui attirer pendant tout le cours de son existence. Il en sortit avec un premier prix de hautbois et entreprit alors sa carrière d'artiste où il devait bientôt conquérir une place si brillante et si méritée.

A la mort de son père, il s'associa avec son frère afin de pouvoir continuer sans empêchements ses occupations artistiques, mais le commerce convenait peu à son caractère, et il ne tarda pas à laisser à son frère la direction de cette importante maison. Néanmoins ses conseils et son expérience furent d'une grande influence dans la prospérité toute artistique de cette maison, et les nombreuses récompenses qui vinrent en couronner les travaux sont dues en grande partie aux soins qu'il ne cessa d'y apporter. C'est ainsi qu'elle obtint une médaille d'or à l'exposition de 1855, une première médaille à l'exposition de Londres, et l'année dernière encore, une médaille d'or à l'exposition universelle.

A sa sortie du Conservatoire de musique, Triebert entra au théâtre des Nouveautés, puis à l'Opéra-Comique, ensuite au grand Opéra, et plus tard au théâtre Italien, où il resta pendant 18 ans.

Malgré l'extrème modestie de sa manière de vivre, il a laissé dans le cœur de tous ses anciens camarades de profonds et impérissables souvenirs. Membre de l'illustre Société des Concerts, c'était un des titres qu'il affectionnait le plus, et il y avait conquis une place brillante au milieu d'artistes de mérite qui étaient à même d'apprécier ses rares qualités d'instrumentiste et de musicien.

La Société académique des Enfants d'Apollon dont il faisait partie, lui adressait, il y a peu de temps encore, son dernier et touchant adieu dans une de ses séances intimes où les qualités de l'homme étaient si admirées, et dans laquelle on exécutait en dernier hommage à sa mémoire, une remarquable prière qu'un de ses amis de Poitiers, M. d'Aubigny, avait composé après sa mort, ne voulant pas laisser à Paris seul la triste consolation de le pleurer et de le bénir, car Triebert, membre de l'Association musicale de l'Ouest depuis 25 ans, y comptait aussi de nombreux amis. A l'issue de cette prière, M. Chatenet, membre de la Société, a improvisé avec un sentiment des plus touchants les strophes suivantes qui ont causé une religieuse émotion.

> J'applaudis, TRIEBERT, ces talents réunis
> Et la belle prière écrite à ta mémoire.
> Mais combien parmi ceux dont on vante la gloire
> Méritent plus que toi d'être aimés et bénis ?
>
> Sous la terre si riche, où tu viens de descendre.
> Se trouvent des trésors d'une rare valeur.
> Mais le plus précieux, nul ne peut nous le rendre !
> C'est ce pur dévouement qui remplissait ton cœur.

Parfois, l'artiste oblige un artiste qu'il aime ;
Mais ton cœur toujours bon ne savait pas choisir.
Peu sûr du lendemain, il s'oubliait lui-même
Pour obliger l'ingrat prêt à le desservir.

Ton âme, qui parcourt les sphères infinies,
Ne nous laisse ici-bas qu'un regret éternel ;
Ton hautbois enchanteur manque à nos harmonies,
Comme ta charité manque à plus d'un mortel.

Crois le bien, TRIEBERT, pour fêter ta mémoire,
Les enfants d'Apollon seront toujours unis.
Combien parmi tous ceux dont on vante la gloire
Méritent plus que toi d'être aimés et bénis ?

Sa carrière d'artiste venait à peine de recevoir son noble et juste couronnement, quand la mort nous l'enleva. Depuis 4 ans seulement, il était professeur au Conservatoire, et ses élèves avaient bientôt compris combien étaient précieux ses conseils et son expérience, et ce fut pour eux, comme aussi pour l'avenir de leur art, une perte bien cruelle.

L'illustre directeur du Conservateur, M. Auber, qui savait depuis longtemps déjà combien sa place était marquée pour le professorat, l'y avait appelé de tous ses vœux, et, admirant les immenses progrès que sa classe avait faits depuis sa nomination, il l'avait surnommé le régénérateur de la classe de Hautbois.

Triebert a su, pendant son existence entière, se concilier l'estime et l'affection de tous ceux qui l'approchaient, et le secret de cette sympathie générale tenait à ce qu'il savait allier à un beau talent des qualités immenses et surtout une grande modestie qui rendait aimable chez lui une grande sévérité de caractère. La vie de Triebert a été une lutte continuelle entre son art et ses bonnes actions: lutte dans laquelle le temps qu'il donnait à l'un lui semblait un vol commis au détriment des autres.

Il est, en effet, impossible de se multiplier plus qu'il ne le fit pour tendre la main aux nombreuses infortunes qu'il voulait soulager. Vous avez pu, mieux que personne, apprécier le dévouement et le zèle qu'il apportait dans toutes les œuvres charitables. Vous l'avez vu au milieu de vous, donnant son temps, ses soins, son intelligence, pour organiser des concerts destinés à profiter à de pauvres orphelins qui trouvent encore auprès de vous, sinon l'affection d'un père, que la nature seule peut donner, mais au moins toute la sollicitude éclairée de cœurs dévoués et charitables.

Depuis de nombreuses années, il participait à vos nobles travaux, et les grades dont vous l'avez honoré étaient la juste récompense des grands services rendus à notre Ordre.

Triebert a été affilié à notre R.·. Loge le 8 janvier 1846, sur la présentation de notre bien regretté F.·. Prumier père, qui vient d'être enlevé si subitement à sa famille, à ses amis et à notre respectable Loge qui conservera le souvenir de ses vertus maçonniques.

Triebert appartenait précédemment à la Loge la Rose Étoilée, où il avait été reçu le 25 octobre 1832. Il avait été décoré de la médaille d'honneur à cette R.·. L.·. en 1839. Député du Chap·. au G.·. O.·. en 1849-1850, il était membre du G. . O.·. depuis le 27 décembre 1849, et membre de la colonne d'harmonie depuis 1846.

Depuis longtemps il était membre de la Société des Orphelins, fabricants et artisans, et l'organisateur de leurs concerts de bienfaisance.

Triebert était membre de l'Association des artistes musiciens de France, et les innombrables services qu'il avait rendus à cette sainte réunion de cœurs charitables, lui avaient valu le titre de vice-président par acclamation.

Là, du reste, comme dans les administrations auxquelles il a appartenu, il était toujours consulté dans les questions relatives aux intérêts de ses camarades, et la confiance que ces derniers avaient en lui donnait à ses conseils une autorité bien rare et bien méritée.

Il était naturellement bienfaisant, et jamais ceux qu'il obligeait n'auraient pu découvrir en lui d'autre sentiment que celui d'être utile et de rendre service.

Son expérience et sa sagesse étaient à la disposition de tous ceux qui s'adressaient à lui, et il prenait le plus grand plaisir à les guider et à les protéger.

Peu favorisé sous le rapport de la fortune, il croyait de son devoir de payer en soins et en dévouement sa dette de bienfaisance et d'humanité; malheureusement, lui, qui dans son jugement était si juste et si droit pour les autres, se trompa pour lui-même, il avait voulu donner ses forces et son intelligence, il donna sa santé et sa vie. Poussant l'abnégation jusqu'aux dernières limites, il négligea tout repos, tout soin, toute prudence, et excéda les moyens que Dieu lui avait donnés pour faire le bien.

Il se priva, pour venir en aide aux infortunes, non-seulement de repos et de sommeil, mais souvent même aussi du nécessaire. Aussi ses amis virent-ils avec terreur sa santé décroître insensiblement d'abord, puis ensuite avec une rapidité effrayante. Alors chacun s'empressa autour de lui, et de tous les côtés les offres les plus dévouées se firent jour! Enfin, pressé par mille voix amies, obsédé de sollicitations, il accepta de quitter Paris et de songer un peu à lui-même. Malheureusement il était déjà trop tard, et le mal terrible qui l'avait atteint ne pouvait plus pardonner: il revint après un court séjour à Hyères, à sa petite propriété près Joinville-le-Pont, qui ne cessa plus dès lors de contenir ses amis, qui sentaient bien que la séparation ne tarderait plus guère.

Le 18 juillet 1867, il mourut entre les bras de ses plus fidèles amis, et ses dernières paroles furent encore pour ceux qu'il ne pourrait plus protéger, servir et aimer. Il pensait à son neveu, à ses élèves, à sa classe, et dans cette dernière pensée de devoir et de bienfaisance, il rendit l'âme sans que la mort ait pu détourner un instant son esprit de ses nobles et saintes pensées.

Sa mort est une perte pour tous. Pour les arts, car si l'artiste avait fourni sa carrière, le professeur n'a jamais terminé la sienne, et ses conseils ne faiblissent pas. Pour l'humanité, car l'exemple d'un homme sachant sacrifier son temps, ses pensées et sa vie même, au bien de ses semblables, est toujours trop rare, et un pareil spectacle, s'il peut attrister par son dénouement, peut aussi pendant sa trop courte durée entraîner bien des dévouements et engendrer de sublimes actions.

JANCOURT.

Paris. — Imp. A. Appert, pass. du Caire, 56

103